NATIONAL GEOGRAPHIC

Peldaños

Hacer la diferencia

Jane Addams
Defensora de los pobres
por Jennifer A. Smith

¿Qué significa "hacer la diferencia"? Significa hacer que el mundo sea un lugar mejor mediante acciones y palabras. El **impacto,** o diferencia que hagas, puede ser grande o pequeño.

Jane Addams le habla a un grupo de niños en Hull House.

Jane Addams fue una persona que hizo una gran diferencia. Addams fue una de las **reformadoras** sociales más importantes de la historia estadounidense. Ayudó a miles de familias pobres a vivir vidas más sanas y felices.

Jane nació en 1860 en Cedarville, Illinois. Su padre fue John Huy Addams, que era senador estatal y amigo de Abraham Lincoln. El Sr. Addams le enseñó a Jane la importancia de la **justicia** social, o equidad para todos. Jane quería justicia social. Esto la llevó a fundar Hull House, que fue la primera casa de ayuda de Norteamérica.

Toynbee Hall se fundó en Londres en 1884. Fue la primera casa de ayuda del mundo. Visitar Toynbee Hall inspiró a Addams y a Ellen Gates Starr, que querían probar la idea en Chicago.

Una casa de ayuda es una organización de apoyo social. Ayuda a la gente de comunidades pobres a conseguir mejores trabajos y más educación. Estas personas suelen ser inmigrantes, o personas de otros países que han venido a vivir a los Estados Unidos. ¿Por qué se llaman casas de ayuda? Los trabajadores sociales se establecían, o se mudaban, a vecindarios de inmigrantes pobres. Un trabajador social está capacitado para ayudar a los demás a mejorar su vida.

Hull House se llamó así por su constructor, Charles Hull.

Los trabajadores sociales creían que vivir en las comunidades más pobres ayudaría a los inmigrantes a encontrar mejores **oportunidades.** Addams y su amiga Ellen Gates Starr visitaron una casa de ayuda en Londres. Decidieron fundar una en los Estados Unidos.

Cuando Addams y Starr regresaron de Europa, recaudaron dinero para fundar una casa de ayuda. En 1889 se mudaron y fundaron Hull House en un vecindario de clase trabajadora en Chicago, Illinois.

Hull House era un solo edificio al comienzo. Más tarde incluyó 13 edificios, un patio de juegos y un campamento en Wisconsin. Las donaciones de dinero y propiedades ayudaron a que creciera. En dos años, Hull House ayudaba a 2,000 personas por semana.

Hull House ofrecía oportunidades de mejorar la vida de las personas en todo sentido. Los vecinos podían participar en cursos de nivel universitario, clases de arte y un grupo de teatro. Podían capacitarse en diversos trabajos. También tenían acceso a una guardería, una cocina y una biblioteca.

Addams y otros reformadores de Hull House también trabajaban en asuntos sociales más grandes, como deshacerse de las **fábricas de trabajo esclavo.** Durante esa época, se explotaba a muchos inmigrantes en las fábricas. Algunos niños también trabajaban allí. Tenían que ganar dinero para su familia. Los trabajadores recibían poca paga por muchas horas de trabajo. Las fábricas de trabajo esclavo solían ser sucias y peligrosas. En 1893, se promulgó una ley en Illinois. La ley ya no permitía que los niños menores de 14 años trabajaran. También exigía a las fábricas que fueran más seguras para los trabajadores.

Niñas y niños podían tomar clases de danza en Hull House.

Los niños trabajaban toda la noche en esta fábrica de vidrio.

Una clase de arte en verano en Hull House

Esta bandera divulgaba un discurso de Addams de 1913. Las mujeres no obtuvieron el derecho a votar en los Estados Unidos hasta 1920.

El impacto de Jane Addams como reformadora y defensora de la justicia también se sintió en otras áreas. Addams creía en el derecho de la mujer a votar y luchaba por él. También protestó en contra de la Primera Guerra Mundial. En 1931, Addams fue la primera mujer estadounidense que ganó el premio Nobel de la Paz.

En la vida de Jane Addams, nada era más importante que ayudar a los demás. Sabía que las personas podían prosperar si se les daba la oportunidad. Su impacto como fundadora de Hull House y defensora de los trabajadores, las mujeres y la paz se extiende hasta la actualidad. ¡Al mundo siempre le sirven personas como Jane Addams!

El Museo Hull House de Jane Addams en Chicago

En 2012, la Asociación Hull House de Jane Addams informó que cerraba luego de 122 años. Era un día triste. No había suficiente dinero para continuar esforzándose. Afortunadamente, hay cientos de casas de ayuda en los Estados Unidos que continúan haciendo la diferencia todos los días.

Compruébalo   ¿Por qué Addams y Starr fundaron Hull House?

Sopa de piedra

relato de Michael Murphy
ilustraciones de Colin Jack

El Sr. Zorro, un viajero hambriento, decidió que buscaría su siguiente comida en una aldea cercana. En el camino, unos viajeros amigos le advirtieron: "Ni te molestes. Esos aldeanos **riñen.** Los vecinos se acusan entre sí de robarse alimentos. No comparten nada entre ellos ni con forasteros. No tendrás suerte allí, amigo mío".

váyase.

Donde los demás veían una situación desesperanzadora, el Sr. Zorro veía una **oportunidad.** Era un viejo zorro astuto. Buscó en el bosque una piedra lisa y redonda. Cuando el Sr. Zorro encontró la piedra correcta, la lustró con su manga. Luego se la metió en el bolsillo y se dirigió a la aldea.

La primera casa a la que se acercó el Sr. Zorro pertenecía a la Sra. Ardilla, que era bastante curiosa. Así que tenía que descubrir qué quería el forastero.

—Simplemente quería pedirle prestada una olla, Madame —dijo el zorro educadamente—. Luego podré ir al **espacio público** y hacer sopa de piedra para la cena.

Sus palabras produjeron un **impacto** en la ardilla curiosa, que quiso saber qué era la sopa de piedra. Y si le prestaba su olla al forastero, tendría la oportunidad de comer algo distinto a nueces y papas.

El Sr. Zorro encendió un fuego en el espacio público del centro de esta aldea. Llenó la olla de la ardilla con agua. Luego, dejó caer la piedra en la olla y la revolvió con una cuchara de madera. La Sra. Ardilla observaba. Después de un tiempo, el Sr. Zorro probó la sopa.

—Oh, sí, está muy buena —le dijo a la Sra. Ardilla—. Le ofrecería, pero esta no es la manera adecuada de tomar la sopa de piedra. Requiere papas, pero no tengo.

—¡Yo tengo papas! —dijo la Sra. Ardilla. La entusiasmaba probar la sopa de piedra. Cuando le trajo un montón de papas grandes, el zorro hizo de cuenta que estaba gratamente sorprendido.

La tímida señorita
Coneja había estado mirando
todo esto. Sentía mucha curiosidad sobre lo que cocinaba el
viajero. Decidió que debía descubrirlo. Después de todo, la estaba poniendo
nerviosa.

Silenciosamente, se coló hasta el espacio público y olfateó el aire. Se
imaginaba qué agradable sería comer otra cosa que no fueran zanahorias.

—Sopa de piedra —dijo el zorro amablemente para que la coneja no
tuviera que preguntar—. Huele espléndido. Pero le faltan zanahorias. La
sopa de piedra no sabe bien sin zanahorias.

—Tengo algunas zanahorias —ofreció la señorita Coneja nerviosa.

El Sr. Zorro de nuevo fingió estar gratamente sorprendido cuando la coneja
volvió apurada al espacio público con muchas zanahorias grandes.

El espinoso Sr. Puercoespín también había estado mirando y
sentía curiosidad. Lo enfurecía que no lo hubieran invitado. El
puercoespín marchó hacia donde los demás observaban la olla.

—¡Aquí está! —gritó el Sr. Zorro con calidez—. Estoy seguro
de que ya sabe que estamos haciendo sopa de piedra. Debe haberla
tomado muchas veces.

El Sr. Puercoespín no tenía idea de lo que era la sopa de piedra.
Pero no lo iba a admitir.

—Desafortunadamente —continuó el Sr. Zorro—, me sentiría
avergonzado si se la ofreciera. No tengo arvejas. ¡Estoy seguro de
que nunca ha comido sopa de piedra sin arvejas antes!

El Sr. Puercoespín dijo con una voz áspera: —Tengo arvejas.

Por supuesto que el Sr. Zorro ya sabía que en el huerto del puercoespín había arvejas. Aún así, fingió estar gratamente sorprendido cuando el Sr. Puercoespín regresó al espacio público con docenas de arvejas bien gorditas.

Y así, el Sr. Puercoespín, la señorita Coneja, la Sra. Ardilla, el Sr. Zorro y unos cuantos aldeanos más comieron juntos. Qué buena oportunidad de solucionar las riñas.

Al final, el Sr. Zorro tenía que seguir su camino. Agradeció a los aldeanos la oportunidad de comer con ellos.

—No se olvide de su piedra —dijeron los aldeanos.

Pero el Sr. Zorro les dijo que la piedra era su regalo para ellos. —Solo les pido que la compartan entre todos y con los forasteros hambrientos.

Prometieron que así lo harían.

Más tarde, esa noche, el Sr. Zorro vio de nuevo a sus amigos viajeros. Les contó que había ido a la aldea.

Se rieron y dijeron: —¿Tuviste suerte?

—Sí —respondió el Sr. Zorro—. Mucha suerte.

> **MORALEJA** *Todos salen ganando cuando comparten entre sí.*

Compruébalo ¿Por qué el Sr. Zorro les dejó la piedra a los aldeanos?

Los huertos comunitarios hacen la diferencia

por Jennifer A. Smith

¿Qué es un huerto comunitario? Un huerto comunitario es un grupo de varios huertos pequeños. Cada huertito es una parcela de tierra. Está disponible gratuitamente o en alquiler. Las parcelas de un huerto comunitario están cerca unas de otras de modo que los jardineros suelen conocerse. Hay huertos comunitarios en ciudades grandes y en ciudades pequeñas.

Los miembros de la comunidad trabajan juntos en un huerto.

Un huerto comunitario puede tener un **impacto** positivo en ti y tu medio ambiente. Por ejemplo, un huerto comunitario te conectará con la tierra y los alimentos que comes. Si el huerto está en tu vecindario, conocerás más a tus vecinos. Un huerto comunitario también te ofrecerá opciones alimenticias más sanas.

Los jardineros comunitarios pueden vender lo que cultivan en un puesto de alimentos. ¡Los huertos pueden ayudar a ganar dinero!

La mayoría de los jardineros comunitarios disfrutan **invirtiendo** su tiempo y energía en la tierra. El deleite de los jardineros suele crecer junto con el huerto mismo.

Los huertos comunitarios tienen beneficios sociales. Brindan un lugar de reunión natural para que los vecinos visiten juntos. Los cultivadores pueden intercambiar secretos de jardinería o simplemente hablar del estado del tiempo. Los huertos comunitarios ayudan a desarrollar la amistad y fortalecer los lazos comunitarios.

Unirte a un huerto comunitario te dará la **oportunidad** de cultivar tu propia **producción agrícola,** como frutas y vegetales. Una gran variedad de productos agrícolas son una parte importante de una dieta sana. Los alimentos del huerto también son más frescos que los alimentos de una tienda de comestibles. Por lo tanto, son más nutritivos y más sabrosos.

Los huertos comunitarios brindan muchos beneficios a sus miembros, como el disfrute personal, una oportunidad de socializar y una dieta más sana. Entonces, ¡considera unirte a un huerto comunitario! Invierte en un huerto. También invertirás en tu comunidad.

Personas de todas las edades pueden ayudar a cuidar un huerto.

Compruébalo   ¿Cómo un huerto comunitario puede hacer la diferencia?

Comenta | Ideas principales

1. ¿Qué crees que conecta las tres lecturas que leíste en este libro? ¿Qué te hace pensar eso?

2. ¿Cómo crees que Jane Addams hizo la diferencia? Cita evidencia del texto para apoyar tu respuesta.

3. Elige a la ardilla, la coneja o el puercoespín. Describe al personaje. Luego, explica por qué el personaje se beneficia al final del cuento. Usa evidencia del texto para apoyar tu respuesta.

4. ¿Cuál es la idea principal de "Los huertos comunitarios"? ¿Cuáles son las tres razones que da la escritora para apoyar la idea principal?

5. ¿Qué te sigues preguntando sobre alguna de las lecturas de este libro? ¿Cuáles son algunas formas en las que podrías hacer la diferencia?